Marion Achard

Am Ende des
Regenwaldes

Marion Achard

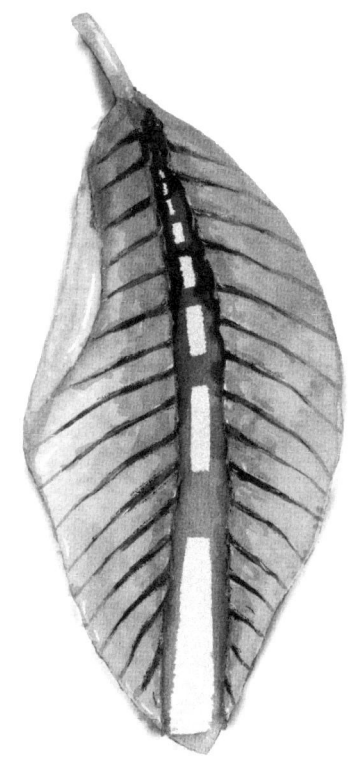

AM ENDE DES
REGENWALDES

Übersetzt von Anna Taube

magellan

Für Léia

Dieser Roman unterstützt den Mut all
jener, die für ihr Recht kämpfen,
in ihren Stammesgebieten zu leben.
Ein Recht, das immer mehr
von Minen- und Industrieprojekten
bedroht ist.

Kapitel 1

Ecuador – 2014

Ich heiße Daboka.

Ich lebe im Bauch des großen Waldes.

Dort, wo die Bäume so hoch sind, dass die Sonnenstrahlen das Blätterdach so gut wie nie durchdringen.

Dort, wo die Lianen ins Herz der Erde tauchen.

Dort, wo sich die Insekten, Affen, Schlangen und Vögel viel lebhafter bewegen und unterhalten als die Menschen.

Langsam öffne ich ein Auge.

Auf den Bananenblättern liegend, die den Boden bedecken, blinzle ich die letzten Schatten des Schlafs weg. Ich lächele, voller Vorfreude.

Nur noch ein Tag bis zum Aufbruch!

Morgen, wie immer bei Vollmond, werden wir unsere Verwandten am anderen Ende des Weges besuchen. Der Wald verändert sich im Rhythmus der Jahreszeiten. Der Mond nimmt zu, nimmt ab, nimmt wieder zu, und jedes Mal brechen wir auf.

Ich denke an unsere Feste, an unsere Spiele auf der anderen Seite des Waldes.

Morgen werden wir wieder feiern!

Wie hätte ich mir auch vorstellen sollen, dass es je anders sein könnte?

Um mich herum haben die Vorbereitungen schon begonnen. Ich reibe mir die Augen, strecke mich, dann setze ich mich auf und betrachte das geschäftige Treiben. Mein Herzschlag wird schneller, ich spüre die Aufregung.

Akara arbeitet an der Feuerstelle. Die junge Frau legt Holz auf und hindert die Flammen am Aufzüngeln, indem sie sie mit frischen Blättern erstickt. Im dichten Rauch steht ein Gestell, auf dem ein Wasserschwein trocknet. Akara wird es den ganzen Tag lang überwachen, bis es geräuchert ist und wir es mitnehmen können.

Meine Mutter Kuna bearbeitet eine große Tonkugel, um daraus ein Gefäß zu töpfern. Neben ihr sitzt Assipi, sie rührt die Farben für die Bemalungen an.

Die anderen Frauen haben sich unter dem Palmenunterstand versammelt. Ausgestreckt auf dem Rücken, murmeln sie sich Geschichten zu, und ich höre ihr unterdrücktes Glucksen, das sich mit dem Gezwitscher der Vögel vermischt.

Männer sind keine im Lager. Vermutlich sind sie auf der Jagd.

„Daboka! Daboka!"

Loca, meine kleine Schwester, ruft mich. Hüpfend kommt sie auf mich zu, ihren Papagei Tiki auf der Schulter.

„Guck mal!"

In ihrer Faust hält sie eine Handvoll Beeren. Sie legt den Kopf zurück, dann eine Beere auf ihre Stirn. Tiki zwinkert und verdreht den Hals. Die kleinen grünen Federn an seinem Nacken stellen sich auf und mit einer blitzschnellen Bewegung schnappt er sich die Frucht auf Locas Gesicht. Jedes Mal, wenn er zupickt, lacht sie und beginnt von vorn.

„Willst du auch mal?"

Ich streichle den Vogel, lehne aber ab. Lieber möchte ich bei den Vorbereitungen helfen. Ich nähere mich dem Feuer, wo die Frauen arbeiten.

In einem Tontopf zerstößt Assipi Holzkohle und fügt den farblosen Saft der Jenipapo-Frucht hinzu. Immer wieder spuckt sie in die Mischung, um sie zu verdünnen.

„Kann ich dir helfen?", frage ich.

Sie reicht mir die braunen, stachligen Früchte vom Annatto-Strauch. Mit einem Stein schlage ich die herzförmigen Kapseln auf und öffne sie, um die kleinen scharlachroten Samen herauszuschälen. Ich mahle sie. Vermischt mit Walnussöl, ergibt das eine großartige rote Tattoo-Farbe.

Leise beginnt Assipi zu summen. Ich stimme in den Refrain ein und bald begleitet uns auch das tiefe Summen meiner Mutter.

Loca versucht mitzusingen. Ohne Erfolg! Sobald sie den Mund öffnet, beschwert sich Tiki, laut kreischend und pfeifend. Das ist so komisch, dass Loca lachen muss.

Unser Gesang lockt die anderen Frauen herbei. Im Chor feuern wir Assipi an.

Sie mischt die Farben mit großer Sorgfalt, bis sie genau richtig sind, um unsere Körper zu verschönern und in Harmonie zu bringen.

Als die Mischung bereit ist, gehen wir alle zum Fluss hinunter.

Ich stehe bis zu den Knien im Wasser und reibe mir mit Sand und Kräutern die alten Farbspuren vom Körper.

Loca hockt auf einem Stein und lässt sich schon bemalen. Sie windet sich unter den Federn und Zweigen, die sie kitzeln.

„Sitz still", mahnt Kuna sie freundlich.

Ich ziehe mich hoch auf den Stein und setze mich neben Loca. Meine Mutter reibt meinen Körper mit weißer Farbe ein, dann zeichnet sie mit einem dünnen Zweig geometrische Figuren. Assipi kommt dazu und malt mit der roten Farbe Wellenlinien auf meinen Bauch. Unter ihrer geschickten Hand entstehen lebhafte Wassertiere. In Spiralen umwickeln Anakondas meine Arme. Zum Schluss zieht sie einen farblosen Streifen über mein ganzes Gesicht, von einem Ohr zum anderen, von der Stirn über meine Wangen zum Kinn. Im Augenblick sind die Zeichnungen noch fast unsichtbar, doch morgen wird meine Haut wieder für viele Tage in kraftvollen Farben leuchten.

Schon kommt die Nacht und der Regen spielt sein Lied auf den Blättern. Zurück im Lager lege ich mich unter das Dach, das uns vor den Sturzbächen aus dem Himmel beschützt. Durch den Blätterteppich kriecht die Feuchtigkeit herauf. Die Nacht schüttelt mich vor Kälte. Ich schmiege mich an Loca, schmiege mich an meine Mutter, an meinen Vater und alle anderen des Stammes auf der Suche nach ein wenig Wärme. Eine Handvoll Menschen, zusammengerollt unter den Baumriesen des tropischen Regenwaldes.

Kapitel 2

Die Regenschauer der Nacht haben die
Bäume mit Nebel geschmückt.

Als ich aufwache, packen die Frau-
en des Stammes bereits die Sachen
zusammen, die wir für unsere Wande-
rung durch den Wald brauchen.

Heute, heute früh werden wir aufbrechen!

In einem Tontopf bewahrt Assipi
die Feuerglut auf.

Akara wickelt das geräucherte
Wasserschwein in Palmblätter ein und
legt es in einen großen geflochtenen
Korb. Sie wird ihn, von einem Stirn-
riemen gehalten, auf ihrem Rücken
transportieren.

Loca und ich bereiten uns vor.

Wie immer, wenn wir aufbrechen,

legen wir unseren schönsten Schmuck an. Ich ziehe meine Armbänder aus roten und schwarzen Samen an. Loca bindet sich eine kleine Kette aus Affenzähnen um den Hals. Und in ihr Haar flicht sie ein Lederband mit gelben Tukanfedern. Deutlich leuchten nun die schwarzen Linien des Jenipapo-Safts auf ihrem Gesicht.

Ich lächele sie an.

Mit ihren mandelförmigen Augen und so herausgeputzt, ist sie wirklich schön.

Unser Stammesältester, Popoké, gibt das Signal zum Aufbruch.

Mein Vater, mein Onkel und die anderen Männer des Stammes stecken ihre Steinäxte in die Gürtel aus Baumrinde und nehmen ihre Bogen in die Hand. Sonst tragen sie nichts, damit sie bei der kleinsten Gefahr bereit sind, einen Pfeil abzuschießen.

Wir brechen auf. Der alte Popoké geht voran, mein Vater ganz zum Schluss, und wir folgen, immer einer hinter dem anderen.

Ich laufe hinter meiner Mutter auf dem schmalen Pfad. Er windet sich durch den Wald wie eine dünne, unsichtbare Schlange. Was auch passiert, ich kenne den Weg.

Die Füße meiner Vorfahren haben ihn gebahnt und auf den Farnen haftet noch ihr Geruch. Entlang des Weges haben sie Sträucher gepflanzt, die gewachsen sind, und Körner gesät, die gekeimt haben. Das üppige Grün des Regenwaldes gibt uns alles, was wir brauchen: Früchte zum Essen, Medizin gegen Krankheiten, Kräuter, um Mücken fernzuhalten.

Wir schreiten voran, lautlos wie Schatten. Jeder setzt seine Füße in die Fußstapfen des Vordermannes. Auf unserem Weg durch den Wald hinterlassen wir nur eine einzige Spur.

Ich fühle unter meinen Fußsohlen die feuchte Erde, getränkt vom Wasser der letzten Regenfälle. Ich trete extra ein bisschen fester auf, damit das Wasser aus dem Waldboden quatscht und rund um meine Zehen kleine, lustige Pfützen bildet.

Fröhlich schreite ich voran.

Am Ende des Weges: das andere Volk des Weges. Unsere Verwandten.

Ich entdecke auf dem Boden winzige Sonnenflecken. Sie malen kleine Lichtkreise, die auf dem dunklen Teppich aus verrottenden Blättern glitzern.

Ich laufe und denke an heute
Abend. Plötzlich ...

Dieser Geruch!

Er ist fremd, er gehört nicht in den
Wald.

Der ganze Stamm erstarrt. Schnüf-
felt, neugierig und verängstigt.

Es ist ein beißender Geruch, den ich
nicht kenne. Mein Herz pocht. Irgendetwas stimmt nicht.

Langsam macht der alte Popoké
einen Schritt vorwärts, noch vorsichti-
ger als sonst.

Er hält an, wartet, hebt wieder den
Fuß.

Schritt für Schritt gehen wir weiter
und nähern uns dem Geruch, der stär-
ker wird und an uns kratzt, heiß und
widerlich.

Und als der Gestank unerträglich
ist, uns die Atemluft aus den Lungen
drückt und in unseren Augen brennt,
sehen wir das Undenkbare vor uns.

Genau da.

Hört der Weg auf.

Zerschnitten.

Von einem bläulich schwarzen
Band.

So breit, dass niemand es überspring-
gen kann.

So lang, dass man weder Anfang
noch Ende sieht.

Und als ich den Kopf recke, sehe ich, dass dieses fremdartige Band sich bis zum Horizont erstreckt.

Der Wald wird von ihm in zwei Stücke zerteilt.

Aufgeschlitzt.

Kapitel 3

Wir warten, verwirrt. Unfähig weiter-
zugehen.

Der junge Malaké ist ratlos.

Er ringt die Hände, schaut, weicht
zurück, hockt sich hin.

Mit den Händen fährt er sich
durchs Haar, reibt sich übers Gesicht.
Schlägt auf seinen Bauch oder seine
Oberschenkel. Trockene, angstvolle
Schläge.

„Alter Popoké, alter Popoké", stam-
melt er, „was ist da mit dem Wald
passiert?"

Popoké antwortet nicht.

Er findet keine Worte, ist bleich wie
der Tod. Unter den Blättern versteckt
in ein Erdloch gedrückt, umringen wir
ihn, hängen an seinen Lippen.

Aber er bleibt stumm. Tief beunruhigt.

Ich schmiege mich an die nackte Haut meiner Mutter und warte darauf, dass uns der alte Mann eine Erklärung gibt.

Ich warte.

Und da höre ich es.

Dieses Geräusch.

Als würde die Erde grummeln und beben unter unseren Füßen.

Das Geräusch wird lauter.

Wir strecken die Hände aus. Wir klammern uns an Arme, an Schultern, wir kauern uns zusammen. Ich spüre die Hand meiner Mutter, die meine quetscht.

Und plötzlich sehe ich es.

Dieses riesengroße Ding, das sich langsam nähert.

Dieses Monster, dessen Haut in grellem Schein glänzt.

Es bringt die Erde zum Beben und stößt schreckliche Geräusche aus, die es gar nicht gibt.

Es schreit, es seufzt.

Es macht „pschiii" und „frrrr".

Ich drehe mich zu meinem Vater um. Seine Augen sind weit aufgerissen, sein Mund steht offen. Er sieht das Ding auf uns zukommen, gebannt und angewidert zugleich.

Im dröhnenden Lärm vernehme ich laute Stimmen. Neben dem Monster laufen merkwürdige Wesen.

„Das ist der zornige Geist des Waldes", flüstert Malaké.

„Nein", murmelt der alte Popoké endlich, „das sind Menschen."

Menschen?

Diese Wesen, mit Gesichtern so bleich wie der Mond? Mit diesen unförmigen Körpern und der schlaffen Haut, die im Wind flattert? Das sind Menschen?

Sie reden laut, schreien sich an, ohne Respekt für den Geist des Waldes.

Wo sie laufen, fliegen die Vögel davon, erstarren die Insekten.
Alles zerfällt.

Der Wald hat Angst.

Langsam gleitet das Monster auf dem Band an uns vorbei, entfernt sich.

Aber ein Mann ist stehen geblieben.
Er dringt in den Wald ein.
Er kommt uns näher.

Mein Herz schlägt schneller, meine Muskeln verkrampfen. Ich beobachte ihn. Ich sehe seine blau-grünen, unförmigen Umrisse.

„Er ist nicht nackt", wispert Malaké. „Er ist mit Häuten bedeckt."

Ich recke mich ein wenig, um besser zu sehen, um zu verstehen.

Die bunten Häute bedecken fast seinen ganzen Körper und lassen nur seine Arme und sein Gesicht frei.

Er kommt noch näher, und ich weiche zurück, kauere mich zusammen. Ich bin bereit zu fliehen, aber die Hand meiner Mutter drückt meinen Arm, hält mich auf dem Boden.

Ich habe Angst, denn das Herz des Stammes schlägt so laut, dass er uns hören muss.

Aber der Mann bemerkt nichts.

Er schaut zu einer Seite, zur anderen, als würde er sicherstellen wollen, dass er allein ist, dann pinkelt er hinter einen Busch.

Er ist so nah, dass ich ihn berühren könnte.

Er riecht nach Schweiß und Pipi. Und er stinkt wie das Band.

Seine Augen sind dunkel wie meine. Zwei schwarze Pupillen, die dichten Augenbrauen treffen sich fast in der Mitte. Und Haare. Auf seinen Händen, seinen Wangen, seinen Armen. Überall Haare.

Plötzlich ist sein Blick rastlos, wandert umher, durchkämmt die Büsche, als beunruhige ihn der Gedanke, irgendwo ein verborgenes wildes Tier zu entdecken. Ich mache mich noch kleiner, aber er streckt den Hals, um etwas zu erkennen, das er jenseits des Blattwerks vermutet.

Ich lehne mich zurück, doch zu spät.

Er schaut mir direkt in die Augen.

Unsere Blicke treffen sich.

Seine Augen weiten sich vor Schreck, sein Mund öffnet sich, sein Gesicht wird blass.

Ich bewege mich nicht, bin wie versteinert.

Der Mann macht panisch kehrt und brüllt: *¡Alguien está aquí!*

In einer einzigen Bewegung tauchen wir in die Schatten ein.

Wir fliehen!

Fort von der Stimme, die Wörter schreit, die wir nicht verstehen.

Fort von dem Band, das den Weg unserer Vorfahren zerschneidet.

Fort von diesen fremden Männern und ihrem schrecklichen Biest, dessen Panzer die Sonnenstrahlen aufblitzen lässt.

Hinter uns klingt noch die Stimme in einer Mischung aus Angst und Aufregung: *¡Se lo prometo! ¡Aquí esteban, en el hueco! ¡Aquí, me miraban!*

Wir kehren um. Wir, die wir uns stets so leise und sorgsam fortbewegen, stürzen davon, schneller als eine Herde wütender Pekaris, getrieben vom Wunsch, uns tief im Wald zu verbergen, der uns immer Schutz geboten hat.

Kapitel 4

Unter dem Blätterdach unseres Regen-
unterstands sitzt mein Volk zusammen
und hält Rat.

Die Erwachsenen reden und reden –
von dem, was sie gesehen haben, von
der Angst, die sie hatten, von unseren
Verwandten, die wir nun nicht besuchen werden. Sie lachen ein wenig,
wenn sie sich gegenseitig erzählen, wie
Akara panisch das Wasserschwein
fallen ließ. Aber schnell kehrt der
Schrecken in ihre Stimmen zurück.

„Komm, Daboka, wir spielen am Fluss."
Loca nimmt mich an der Hand und
versucht, mich zu überreden: „Wir fangen Krebse im Schlamm und pflücken
Bananen für Tiki."

„Es ist spät", sage ich. „Schau, die Nacht kommt schon."

Ich will nicht weg. Die Sorgen der Erwachsenen liegen schwer auf dem Lager, und ich warte, wie alle anderen, auf Popoké.

Seit wir zurückgekehrt sind, hockt er, angelehnt an eine krumme Wurzel, abseits von uns.

Er kaut auf einer Ayahuasca-Liane, deren Saft seinen Geist öffnet und es ihm erlaubt, sich zu den Mächten des Waldes zu erheben. Auf seiner großen Reise, weit entfernt von uns, murmelt er undeutlich vor sich hin.

Loca schiebt ihre Hand in meine.

„Guck mal, er zittert."

Sie zeigt auf den alten, schlotternden Mann, der nicht bemerkt, wie die Wassertropfen an seinem Körper hinabrinnen.

Der Regen durchdringt das Blattwerk, geheimnisvoll plätschernd kommt er bei uns an, lange nachdem er aus dem Himmel gefallen ist. Er erfüllt die Luft mit seinem waldigen Duft.

Als sich Popoké endlich erhebt, öffnen wir unseren Kreis, um ihm Platz zu machen. Assipi facht das Feuer an. Der Rauch vertreibt die Mücken, doch vor allem hält der Lichtschein die wilden

Tiere fern, die uns nachts durchs Dickicht beobachten. Wir graben unsere Füße in die warme Asche, um uns aufzuwärmen.

Popoké sieht uns einen nach dem anderen an, bevor er zu sprechen beginnt.

„Als ich ein Kind war, vielleicht sogar jünger als Loca, kamen Fremde in unser Gebiet. Sie zwangen uns, die Tiefen des Waldes zu verlassen und ihnen zu folgen. Sie nannten sich ‚die Evangelisten'. Ich erinnere mich nur noch an diesen Namen, ‚die Evangelisten'. Sie sagten, sie kämen als Freunde, und machten uns viele Geschenke. Wir sind ihnen zusammen mit anderen Völkern in ihr großes Dorf gefolgt."

Alle lauschen ihm gebannt. Malaké fragt: „Waren da viele Menschen?"

„Wir kamen in immer größerer Zahl", fährt Popoké fort. „Befreundete Stämme, verfeindete Stämme, Stämme, die wir nicht kannten. Manche wurden gefangen genommen und gewaltsam ins Dorf gebracht. Doch die meisten von ihnen kamen sofort mit. Die Begegnung hatte sie neugierig gemacht. Mein Vater und mein Großvater waren beeindruckt von dem großen Wissen der weißen Männer."

„Was wussten sie denn, das wir nicht wussten?", unterbricht Malaké wieder.

„Sie sagten, dass sie alles wissen, und sie besaßen zahlreiche erstaunliche Dinge. Sie hatten einen Gegenstand, um Licht zu machen, und einen anderen, der das erlegte Wild viel besser zerteilte als unsere Steinäxte. Doch wir bemerkten rasch, dass ihr Verhalten merkwürdig war. Sie erzählten in einem fort von ihrem einen Gott. Wenn wir aber von unseren Geistern sprachen oder von unserem Wissen über die Samen, Wurzeln und Pflanzen, hörten sie uns nicht zu. Sie zeigten nicht das geringste Interesse an den Mächten des Waldes. Das Leben an ihrer Seite war unmöglich."

Popoké schaut uns an.

Ich bin so überrascht! Noch nie hat mir jemand von dieser Begegnung mit den Fremden erzählt. Mein Vater schweigt. Eine Sorgenfalte zerfurcht seine Stirn.

„Aber warum war es denn so schwierig, an ihrer Seite zu leben?", fragt er.

„Die Vorstellung dieser Fremden von der Welt war zu weit entfernt von der unseren. Ganze Familien begannen, aus dem großen Dorf zu fliehen.

Selbst mein Großvater sagte, wir sollten nicht unter jenen bleiben, die die Geister des Waldes nicht respektieren. Doch ...“

Er seufzt.

„Doch einige Tage darauf kam großes Unglück über uns. In allen Stämmen wurden die Männer, die Frauen, die Kinder krank. Als wir das sahen, flohen wir, um zu unseren Lagern zurückzukehren. Aber das Fieber, das die Fremden über uns gebracht hatten, folgte uns. Keine Pflanze, kein Schamane konnte jene retten, die es bekommen hatten. Sie starben nach wenigen Tagen.“

„Oh ...“

Die Erwachsenen stöhnen auf. Ich sehe in ihre traurigen Gesichter. Was der alte Mann erzählt, ist so unvorstellbar.

„Als das Unglück endlich von uns abließ, gaben wir uns gegenseitig ein Versprechen: Nie wieder wollten wir mit Fremden sprechen. Wir liefen, tagelang. Der Wald wurde sumpfig, die Flüsse wurden Rinnsale und die Sonne durchdrang nicht mehr das Blätterdach der großen Bäume. Der Schatten gab uns Sicherheit, gab uns Schutz. So kam es, dass wir in ein anderes Gebiet umsiedelten. Wir versteckten uns so tief im Wald, dass wir davon überzeugt waren, die Fremden nie wiederzusehen. Ich war damals ein kleiner Junge. Als ich größer wurde, vergaß ich diese Geschichte. Niemals hätte ich gedacht, dass sie bis zu uns vordringen würden ..."

Popoké verstummt.

Wir sind sprachlos, fassungslos.

Ich kann mir das große Dorf und die Fremden gar nicht vorstellen. Ich möchte ihm Fragen stellen, doch mein Vater ergreift das Wort: „Wir sind es gewohnt umherzuwandern. Wir können noch tiefer in den Wald gehen."

Malaké erwidert ärgerlich: „Wenn der Weg abgeschnitten ist, wenn die Fremden schon so tief in den Wald vorgedrungen sind, werden sie uns weiter verfolgen. Wir sollten nicht fliehen. Wir sollten handeln!"

„Was willst du machen?", fragt Assipi besorgt.

Malaké ist aufgestanden und fragt: „Wollt ihr wirklich unseren Weg aufgeben? Und unsere Verwandten zurücklassen?"

Der Stamm ist unruhig. Unsere Verwandten im Stich lassen? Oder die Fremden zurückdrängen?

Normalerweise durchdenken wir jede Situation sehr genau, aber ich merke, dass wir dieses Mal schnell zu einer Entscheidung kommen müssen, die unser Leben verändern könnte.

„Das sind Wilde!", knurrt Malaké wieder, die Stimme hart vor Wut.

Sein Zorn ist ansteckend. Die Männer erheben sich, reden durcheinander. Alle wehren sich dagegen zu gehen. Den Fremden unseren Weg zu überlassen, erscheint uns unvorstellbar.

Popoké hört still zu. Seine geschlossenen Augen verraten nicht einen seiner Gedanken. Als er sich nun aufrichtet, verstummen alle.

„Hört, was ich euch vorschlage", sagt er. „Ich werde zum Band zurückgehen. Ich werde Anumi treffen. Früher war der Vater seines Vaters Mitglied eines Nachbarstammes. Seine Familie ist bei den Evangelisten geblieben. Er muss die Fremden kennen, er wird zu ihnen sprechen können. Ich werde zu ihm gehen, und wenn ich wieder zurückkomme, treffen wir unsere Entscheidung."

Alle Stammesmitglieder stimmen mit einer Kopfbewegung zu.

In der Morgendämmerung des nächsten Tages verlässt Popoké unseren Lebenskreis, bewaffnet mit seinem langen Holzspeer.

Ich sehe, wie er verschwindet, überzeugt davon, dass ihn die grauen und roten Zeichnungen auf seinem Körper beschützen werden. Und während er sich immer weiter entfernt, begleitet und ermutigt ihn unser Lied, das ich gemeinsam mit den anderen unter unserem Palmenunterstand für ihn singe.

Kapitel 5

Wir warten lange auf Popoké.

Die erste Nacht, die zweite Nacht, dann noch eine.

Aber der Stammesälteste kehrt nicht zurück.

Seit der Morgendämmerung schleicht jemand um unser Lager. Von Zeit zu Zeit pfeift er. Seine Pfiffe sind so perfekt getrillert, dass man meinen könnte, es sei ein zwitschernder Kolibri.

Mein Vater und meine Onkel erwarten ihn. Sie haben die Bogen ergriffen, sie aber nicht gespannt. Sie denken nicht, dass der, der sich da ankündigt, als Feind kommt.

Die Annäherung ist sehr langsam. Sie dauert ewig.

Wir bleiben dicht zusammen, aufmerksam, angespannt.

Dann, schließlich, antwortet mein Vater ihm.

Der Mann nimmt sein Trillern wieder auf. Sie machen sich miteinander vertraut wie zwei Vögel, die im tönenden Durcheinander des Waldes Melodien austauschen.

Der Mann zeigt sich. Vorsichtig taucht er aus dem Schutz der Zweige auf und nähert sich in kleinen Schritten. In seinen Händen, die er uns entgegenstreckt, hält er Popokés Speer. Ich sehe darin ein böses Vorzeichen.

Er begrüßt uns von Weitem und mein Vater antwortet ihm. Seine Stimme ist bereits schwer vor Traurigkeit.

„Ich heiße Anumi", sagt der Mann.

Er kommt näher.

Mein Vater empfängt ihn.

„Ich komme zu euch, denn Popoké schickt mich."

Er spricht in einer fremden Sprache, die unserer ähnelt. Doch seine Betonungen sind anders. Wenn er spricht, klingt es, als würden ihn die Wörter in der Kehle kratzen. Es ist komisch anzuhören, aber ich verstehe alles, was er sagt.

Anumi bleibt den ganzen Tag bei uns. Er erzählt uns von dem Besuch des alten Popoké, er beschreibt uns, was da passiert ist, am Rand unserer Welt. Er erklärt es uns immer wieder, aber irgendetwas in uns weigert sich, es zu verstehen. Der Stamm ist uneins. In den Augen meines Vaters sehe ich Zweifel. In Malakés lese ich Argwohn.

„Es ist kein Band", sagt Anumi noch einmal. „Es ist eine Straße. Die Straße führt zu der Stelle, wo sie Erdöl aus dem Boden holen wollen. Die Männer, die ihr gesehen habt, werden noch mehr Straßen bauen, sie werden Platt-formen aufstellen. Ihr könnt nichts gegen sie ausrichten. Sie kommen eurem Lager immer näher und ihr solltet fortgehen."

Straßen? Plattformen?

Das Einzige, was ich begreife, ist die Bedrohung.

Malaké protestiert: „Hier ist der Ort, an dem wir jetzt leben. Wir haben hier unsere Bäume gepflanzt, unsere Toten begraben. Wir werden nicht gehen. Ich werde mit ihnen reden."

Anumi schüttelt traurig den Kopf. „Popoké hat versucht, mit ihnen zu reden", wiederholt er. „Wir sind in ihre Büros gegangen! Der Vorarbeiter war sehr überrascht, ihn zu sehen. Er hat ihm versprochen, etwas zu unternehmen, um ihm zu helfen. Am nächsten Tag ist Popoké wieder hingegangen, aber er ist nicht mehr zurückgekehrt."

Anumi steht auf. Er macht sich bereit, uns zu verlassen, uns allein zu lassen mit unseren Zweifeln und unseren Fragen. Bevor er sich zum Gehen wendet, sagt er eindringlich: „Popokés Speer steckte vor meiner Hütte in der Erde, wie eine Drohung. Die Fremden sind nicht froh darüber, dass sie euch entdeckt haben. Ihr stört sie. Ich kann euch nur einen Rat geben: Geht weg! Geht weit weg!"

Er verlässt uns, wie er gekommen ist, verschwindet hinter der undurchdringlichen grünen Wand der Bäume.

Seit wir allein sind, murmelt meine Mutter ungläubig: „Der große Popoké ist nicht zurückgekehrt. Der große Popoké wird nicht wieder zurückkehren."

Ich sehe, wie Tränen ihre Wangen hinabrinnen. Ein Beben geht durch ihren Körper und ihr Kummer ist ansteckend. Schon bald klagt der ganze Stamm unter den Zweigen und beweint unseren alten Popoké.

Kapitel 6

Ich hocke auf einem Stein mitten im Fluss, ich warte geduldig. Ein Fisch sucht in einer Höhlung nach Futter, und ich sehe, wie die silbrigen Schuppen seines Schwanzes im klaren Wasser schillern.

Ich warte auf den einen Augenblick, in dem er sich umdrehen wird.

Einige Meter weiter, in der sandigen kleinen Bucht, die der Fluss ins Grün gegraben hat, steht Loca und ruft mich.

„Daboka, komm!"

Der Wind trägt ihre Stimme zu mir.

Ich runzle die Stirn und hebe die Hand, damit sie still ist. Ich sitze schon zu lang auf der Lauer, um einfach aufzugeben. Ich umfasse meinen Bambusspeer, dessen Spitze ich sorgfältig geschärft habe, noch fester. Ich bin bereit, ihn mit aller Kraft ins Wasser zu stoßen.

„Also, ich geh jetzt ...“

Schmollend beginnt sie, die Ufer-böschung hinaufzuklettern. Der Fisch futtert immer noch, doch ich kann meine Gedanken nicht mehr auf das mich umfließende Wasser lenken. Wenn ich mich aber nicht konzentriere, wird mir unser Abendessen entwischen.

Ich sehe Loca zwischen den dichten Bäumen verschwinden.

Ich zögere. Ich weiß, sie kennt den Pfad ... Doch was, wenn ihr der große Geist des Waldes ein wütendes Pekari in den Weg stellt?

Ich seufze. Was soll's ... Ich gebe auf.

Im selben Augenblick sehe ich, wie sich der Fisch blitzschnell umwendet und in der Strömung verschwindet. Er ist schlauer gewesen als ich.

Ich springe in den Fluss und wate, das Wasser bis zu den Knien, ans Ufer.

„Loca, warte auf mich!“

Sie taucht wieder auf, lächelt mir zu und streckt mir die Hand entgegen.

In diesem Augenblick höre ich den Schrei.

Ein Schrei, der das Blut gefrieren lässt.

Loca hebt beunruhigt den Kopf. Sie sieht mich an.

Das war der Schrei eines Menschen. Ein schrecklicher, gewaltiger Schrei.

Sofort darauf höre ich trockenes Knallen, Flügelschlagen von Vögeln, raues Brüllen von Affen, die davonstürmen, dass sich die Äste unter ihrem Gewicht biegen.

Loca presst sich Schutz suchend an mich. Ich nehme ihre Hand und laufe zum Lager.

Ich begreife nicht, was ich sehe. Der Rauch des Feuers dringt durch das Blattwerk und vermischt sich mit Dunstfetzen. Der Wald ist ungewohnt bleich, wie von Nebel verwässert.

Und dann sehe ich die Körper auf dem Boden.

Mein Vater, meine Mutter, Akara nahe beim Feuer, Shana, Mamata, Assipi unter den Palmen.

Reglos.

Ihr Blut sickert aus kleinen schwarzen Löchern in ihrer Haut.

Erst jetzt bemerke ich die Männer. Und mein Herz zuckt entsetzt zusammen. Da stehen sie, im weißen Dunst, einer neben dem anderen, und betrachten das Massaker. Es sind die Männer von dem Band, groß und schwer. An ihrer Seite sind einige Leute eines Stammes, den ich nicht kenne. Sie tragen alle diese merkwürdigen Häute. In ihren Händen halten sie lange Waffen.

Alles steht still.

Nichts bewegt sich mehr.

Nicht die Leute meines Stammes.

Tot.

Nicht die Leute mit den Waffen.

Lebendig.

Ich höre die Stille.

Der Wald ist grausam stumm. Als wäre die ganze Natur erstarrt, fassungslos, betäubt von der Dummheit der Menschen.

Der Nebel, die Lebenden, die Toten.

Und diese kleinen Löcher, die die Männer in die Körper meiner Eltern gemacht haben.

Diese kleinen schwarzen Löcher, aus denen das Blut läuft.

Aus denen das Blut läuft. Und nicht aufhört zu laufen. In den weichen Waldboden hinein.

Ich sehe den Nebel.

Die Lebenden.

Die Toten.

Und in meinem Kopf dieses finstere, bedrohliche Summen.

Kapitel 7

Wie lange habe ich so dagestanden?

Gerade lang genug, dass sich der Rauch der Waffen verzieht.

Loca bringt das Leben zurück in den Wald. Mit einem Mal wirbelt sie die Blätter auf. Unter den Augen der verdutzten Mörder rennt sie Hals über Kopf davon.

Sofort erwachen die Männer aus ihrer Starre. Sie verfolgen sie, teilen sich, um sie zu umzingeln. Einer stolpert über seine Füße, stürzt zu Boden. Seine Kameraden lachen lauthals auf, dann schreien sie: *¡Atrápala!*

Ich sehe, wie Loca im schnellen Zickzack den Beinen ausweicht, über Baumstümpfe springt. Die Männer haben riesigen Spaß mit ihr. Spöttisch

wedeln sie mit den Armen, um ihr
Angst zu machen.

Ich weiß genau, dass sie sie nicht
abschütteln kann. Ihre Schritte sind
so klein, ihre Flucht ist so hoffnungs-
los. Jedes Mal, wenn sie einen Durchschlupf entdeckt, macht einer der
Männer einen Schritt und verschließt
die Lücke. Schneller und schneller
wendet sie sich um, will den Fallen
entgehen, doch der Kreis um sie wird
immer enger. Unerbittlich.

¡Atrápala, Jesù!

Wie versteinert hocke ich in
meinem Versteck, beobachte meine
Schwester, unfähig, das Unvermeid-
liche zu verhindern.

Ein Mann schnappt sie schließlich.
Locas Füße heben vom Boden ab. Sie
windet sich in seinen Armen, strampelt
mit den Beinen, tritt, schlägt mit aller
Kraft um sich.

Die Männer lachen über sie, aber sie
wehrt sich, dem Grölen zum Trotz.

Doch schließlich gibt sie auf. Ihre
Beine bewegen sich nicht mehr und sie
lässt den Kopf hängen.

Als der Mann sie auf den Boden
setzt, bleibt sie reglos sitzen.

*¡Mira qué pequeña es! Es una verda-
dera salvaje. ¡Qué animal!*

Sie lächeln sie alle an und betrachten sie wie ein kleines Wunder. Die Blicke werden weich, sie himmeln sie an wie ein Tierbaby.

Da. Ein dumpfes Geräusch.

Und mit einem Mal verstummt das Lachen.

Im Rücken des Mannes, der neben Loca steht, steckt ein langer Pfeil.

Ich schöpfe Hoffnung, es ist noch jemand da! Versteckt im Geflecht der Lianen.

Der Mann schwankt, zögert. Mit seiner großen Hand versucht er, den Pfeil in seinem Rücken herauszuziehen.

Die anderen Männer haben ihre Waffen erhoben, kopflos schießen sie ins Dickicht, in die Richtung, aus der der Pfeil kam. Wildes Knallen, Blätter fliegen, Holzsplitter spritzen umher.

Loca und ich werfen uns zu Boden.

Der Krach ist entsetzlich.

Kapitel 8

Um mich herum nimmt der Wald seinen Gesang langsam wieder auf.

Aber in meinem Kopf ist nichts als Stille.

Stille, seit die Männer unsere Handgelenke gefesselt und das andere Ende des Seils am Bund ihrer Hose befestigt haben.

Stille, als sie sich auf den Weg gemacht und mit ihren Stiefeln den Weg meiner Vorfahren niedergetrampelt haben.

Stille, als ich begriffen habe, dass die Körper meiner Eltern nicht begraben und sie niemals den Weg ins Dorf der Toten finden werden.

In meinem Kopf ist diese Stille, sind diese Schatten.

Ein Schatten für meine Mutter.

Ein Schatten für meinen Vater.

Und einer für jeden meines gefallenen Volkes.

Ich schreite voran und schüttele unmerklich den Kopf, um ihn vom Nachdenken abzuhalten.

Loca läuft vor mir. Sie presst ihre kleinen Hände auf den Mund, unterdrückt ihre Schluchzer.

Und während wir uns einen Weg durchs Unterholz bahnen, sehe ich schon die Geister, die um uns schleichen und uns folgen. Ich spüre die ruhelose Seele meines Volkes. Sie summt Wörter, die uns verfolgen, und ihre Klage klingt hinauf zu den Kronen der Baumriesen.

Ich laufe. Umgetrieben von dem unheimlichen Murmeln und den Schatten.

Leise hat der Regen sein Klagelied wieder aufgenommen und wir dringen in den Nebel ein. Die Männer, die uns führen, reden beunruhigt miteinander. Statt sich mit dem Wald zu verbünden, versuchen sie, sein Murmeln zum Schweigen zu bringen. Ihren Weg bahnen sie sich mit der Machete. Sie zerschneiden Lianen, zerhauen die

Palmen, die stacheligen Büsche. Wenn sie ihre Füße aufsetzen, zerbrechen die morschen Zweige unter ihrem Gewicht.

An diesen Ort, unter dem dichten Blätterdach der Bäume, fällt kein Sonnenlicht. Es ist dunkel, dicht, feucht. In der Ferne höre ich das finstere Krachen eines umstürzenden Baumes, den Lärm brechender Zweige, der seinen Fall begleitet.

Die Männer beraten sich. Ich sehe, dass sie sich unwohl fühlen. Sie fühlen sich von unsichtbaren Augen hinter den Baumstämmen beobachtet. Der Singsang des Waldes macht ihnen Angst. Sie fürchten sich vor seinem Knarzen. Sie schrecken bei den heiseren Schreien und dem Kreischen der Affen zusammen.

Manchmal bleiben sie stehen, nervös, schweigsam, und nehmen ihren Marsch mit schweren, unsicheren Schritten wieder auf.

Vor mir folgt ihnen Loca. Ihr Körper, sonst so geschmeidig, ist angespannt. Die Schritte des Mannes vor ihr sind zu groß, und ich sehe, dass sie verloren ist. Sie weiß nicht, wohin sie ihre Füße setzen soll. Ihr bleibt nichts übrig, als ihre eigene Spur zu bahnen, ungeschickt, manchmal strauchelnd.

Wir nähern uns dem schwarzen Band.

Ich weiß es, denn sein Geruch vermischt sich mit jenem der feuchten Pflanzen. Ich errate es auch, weil die Männer entspannter wirken.

Als sie es endlich entdecken, lachen sie. Sie sind stolz auf sich, den Gefahren des Waldes getrotzt zu haben.

Sie betreten das Band und ziehen mich hinter sich her.

Ich laufe auf dem Band. Ich falle nicht. Es verschluckt mich nicht. Es ist fest. Ich laufe auf etwas Hartem, wie die Steine im Fluss.

Auf der gegenüberliegenden Seite entdecke ich das andere Stück unseres Weges. Aber den nehmen wir nicht. Wir bleiben auf dem bläulich schwarzen Band und laufen darauf endlos lange durch den zerschnittenen Wald.

Kapitel 9

Die Männer verfrachten uns in ein Boot, um den brausenden Fluss zu überqueren. Als wir am gegenüberliegenden Ufer ankommen, rennen Leute auf uns zu und sehen uns an. Sie sind laut, neugierig. Sie sprechen mit uns und schreien auf uns ein, aber ich verstehe ihre Sprache nicht.

Die Männer, die uns gefangen genommen haben, schirmen uns von ihnen ab und beschützen uns, sie schlagen auf die Hände der Wagemutigen, die uns anfassen wollen.

Es sind so viele Leute, so viel Lärm, dass mich der Gesang der Geister verlassen hat.

Die dunkelgrüne Decke des Waldes über mir ist verschwunden.

Alle Bäume wurden gefällt, die Gräser wachsen nicht mehr.

Da ist nur noch Himmel, riesig und blau.

Ich betrachte dieses Dorf, die Häuser aus flachen Ästen, die merkwürdigen Häute, diese Sachen, die komischen Frisuren.

Son hijas de un pueblo que no hemos contactado.

¿Qué éstan haciendo aquí? ¿Porqué estan prisionieras?

Sie sind so aufgeregt, wir sind so erschöpft.

Ich lege meine gefesselten Hände auf mein Gesicht, um meine Augen vor dem grellen Sonnenlicht zu schützen.

War Popokés großes Dorf auch so hell wie dieses? Werden wir auch die Krankheit bekommen?

In meinem Kopf ist dieses Summen, das dröhnt und droht. Ein dumpfer, anhaltender Laut, der sich mit den aufgeregten Schreien mischt. Ich falle auf die Knie, ich kann nicht mehr.

Der Mann, der mich zieht, ist stehen geblieben. Mit einem Hieb seiner Machete zerschneidet er die Fessel, die meine Handgelenke einschnürt, und bückt sich, um mich aufzuheben.

Kapitel 10

Sie haben uns nicht wehgetan.

Sie haben uns einfach dagelassen, auf dem nackten Boden, angebunden unter dem Vordach einer Hütte.

Locas heiße Haut. Ihr Atem in meinem Haar. Von Zeit zu Zeit ihre Schluchzer.

Seit wir angekommen sind, klammert sie sich an mir fest und lässt mich nicht mehr los.

Wir bleiben vor der Hütte des Mannes, der uns hergebracht hat. Rosa, seine Frau, bringt uns etwas zu essen, aber wir rühren uns nicht, kauern uns zusammen.

Den ganzen Tag lang laufen die Dorfbewohner vor der Hütte hin und her, um uns zu begaffen. Sie kommen allein, in Paaren, in Gruppen und bleiben stehen, um uns neugierig anzustarren. Sie lächeln uns an und machen komische Laute. Meistens reden sie zu uns in dieser Sprache, die ich nicht verstehe. Sie stecken uns Bananen und Maniok zu.

¡Fotografía!, wiederholen sie ständig.

Sie halten etwas vor ihr Gesicht, bevor sie wieder gehen.

Je näher sie uns kommen, desto fester klammert sich Loca an mich. Den ganzen Tag über versteckt sie ihr Gesicht in meinem Haar und weigert sich, die undenkbare Wirklichkeit zu akzeptieren.

Erst als sie einschläft, entspannt sie sich. Ihr Körper und ihr Gesicht werden allmählich ruhig. Sie lächelt und ich stelle mir die Traumbilder hinter ihren geschlossenen Lidern vor.

Kapitel 11

Sie kommen aus dem Himmel.

Wir drücken uns fest aneinander, als ich in der Ferne das Geräusch des zornigen Windes höre.

Die Kinder schreien vor Aufregung und strecken die Finger in die Luft: *¡El helicóptero! ¡El helicóptero!*

Im blendenden Sonnenlicht zeichnet sich ein Fleck ab, der schnell wie ein Raubvogel herankommt.

Bedrohlich nähert sich das Ding. Auf seinem Weg wirbelt es Blätter auf und biegt Bäume um.

Der Lärm ist ohrenbetäubend. Doch die Dorfbewohner scheinen keine Angst zu haben. Sie kommen aus ihren Hütten und heben die Köpfe, um besser zu sehen.

Als sich das Ding im Dorf niederlässt, hören seine Flügel auf, sich zu drehen.

Die Stille kehrt zurück.

Der Bauch des Dings öffnet sich.

Sechs Männer steigen aus und springen auf den Boden. Drei tragen grüne Häute, sie haben lange Waffen. Waffen, die töten. Die anderen tragen weiße Häute.

„Schau, Loca ...", flüstere ich.

Sie löst sich von mir. Es beachtet uns ohnehin niemand.

Das ganze Dorf hat sich um die sechs Männer versammelt, die gerade angekommen sind.

Sie bemerken uns schon von Weitem, sprechen sich kurz ab, dann marschieren sie auf uns zu.

Die Dorfbewohner werden unruhig, sogar zornig.

Ich höre sie schreien: ¡*Vete a casa, no queremos que usted mantenga empresa en nuestro negocio!*

Sie strecken die Arme aus, um die gerade Angekommenen am Weitergehen zu hindern, stellen sich ihnen in den Weg.

Sie streiten sich wohl über uns, denn immer wieder zeigen sie mit den Fingern auf uns.

Ein Dorfbewohner versucht, einen

der Männer zurückzuziehen, aber der grüne Mann wird böse und zeigt auf seine Waffe.

Tenemos que vacunarlas, no tienen inmunidad. ¡Somos enviados por el gobierno!

Unbeirrt gehen sie weiter in unsere Richtung und kümmern sich nicht um die wütenden Dorfbewohner. Bei uns angekommen, holen sie kleine weiße Tücher hervor, die sie an ihren Ohren befestigen, um ihre Münder zu verstecken.

Sie kommen noch näher.

Loca klammert sich an mich.

Ein Mann kniet sich vor mich hin. Er redet lange auf mich ein, er versucht, mir etwas zu erklären.

Von Zeit zu Zeit versucht er auch, mich anzufassen, indem er seine Hand ausstreckt, aber ich zucke jedes Mal zurück.

Mit seiner samtweichen Stimme wiederholt er die Worte. Er drückt sie auch mit seinem Gesicht, dem Lächeln in seinem sanften Blick aus. Als würde er mit seinem ganzen, mir zugeneigten Körper sagen wollen: „Ich tu dir nichts zuleide."

Als ich ihn meinen Arm greifen lasse, murmelt er ununterbrochen: *Vacunación, es la vacunación.*

Er umgreift fest meinen Arm, schüttet Wasser auf meine Haut.

Dann, plötzlich, in einer schnellen und präzisen Bewegung, pikst er mich!

Ich spüre die Nadel, die in meine Haut fährt, und die Flüssigkeit, die in meinen Körper strömt, brennend wie das Gift einer Paraponera-Ameise.

Nach mir pikst er auch Loca, die es willenlos geschehen lässt.

Vamos a volver pronto. Vamos a encontrar una solución.

Er gestikuliert aufgeregt, versucht verzweifelt, mir etwas verständlich zu machen.

Ich schaue ihn an, begierig, etwas zu begreifen.

Ich flüstere ihm zu: „Sie haben alle umgebracht. Dort im Wald haben sie alle umgebracht ..."

Er versteht mich nicht, ich sehe, dass er mich nicht versteht. Ich werde wütend.

Schließlich schüttelt er den Kopf, es tut ihm leid.

Vamos a encontrar una solución, sagt er noch einmal.

Ich glaube, er erklärt mir, dass er wiederkommen wird.

Er hat mir wehgetan, aber sein Blick ist sanft.

Er geht, wie er gekommen ist. Er steigt mit den anderen Männern in das Ding und verschwindet im Himmel und lässt uns unter dem Vordach der Hütte zurück.

Kapitel 12

Viele, viele Tage sind wir jetzt schon
hier.

Unendlich lange Tage. Beobachtet,
angeglotzt.

Ich lebe in einem dichten Nebel,
der über meinem Geist hängt, wie er
im Wald am Morgen nach dem Regen
hängt.

Wenn der Abend kommt, gehen die
neugierigen Besucher nach Hause und
lassen uns endlich allein.

Kein Blätterteppich schützt uns
vor der heraufkriechenden Kälte, kein
Feuer hält die wilden Tiere fern.

Rosa, die Frau aus der Hütte, hat
eine große Haut neben uns gelegt. Sie
hat versucht, uns damit zuzudecken,
aber wir haben sie wild weggetreten,

denn sie stinkt nach dem Geruch der Fremden.

Um uns zu wärmen, schlafen wir dicht aneinandergekuschelt ein.

In der Nacht tragen mich meine Träume auf die andere Seite des Flusses.

Schlafe ich? Träume ich? Ich höre eine Stimme an meinem Ohr: „Malaké."

Vor meinen müden Augen erscheint kurz das Gesicht des jungen Mannes, der mir das Fischen beigebracht hat. An meiner Seite rüttelt Loca sanft meinen Arm. Ihre schwarzen Pupillen leuchten im Mondlicht. Sie also hat mir ins Ohr gewispert. Mit einem Lächeln auf den Lippen wiederholt sie: „Malaké."

„Was ist mit Malaké?", frage ich.

„Malaké ist nicht tot", sagt sie. „Als ich gerannt bin, als ich über die Körper gesprungen bin, habe ich Malaké nicht gesehen."

Ich zögere.

Ich schließe die Augen, rufe mir die Bilder in Erinnerung. Ich zähle die Toten.

Ich sehe die Löcher wieder. Ich weiß nicht ... Vielleicht?

„Malaké wird uns holen", wispert Loca. „Er wird kommen und uns holen. Heute Nacht ist er im Traum zu mir

gekommen. Ich habe ihn gesehen, so
wie ich dich vor mir sehe ... und er hat
es mir zugeflüstert!"

Sie streckt sich aus und schläft
ebenso schnell wieder ein, wie sie aufgewacht ist.

Ich sitze in der Dunkelheit und höre
das Brausen des Flusswassers und das
ewige Quaken der Frösche.

Ich kann nicht wieder einschlafen,
also überlege ich mir, wie Locas Traum
weitergehen könnte. Wenn Malaké
lebt, kommt er und holt uns.

Wenn Malaké lebt, werden wir in
den Wald zurückkehren.

Ich spüre etwas in meiner Brust, das
so stark pocht, dass es mir den Atem
nimmt. Es ist die Hoffnung, die in
meinem Herzen schlägt.

Am nächsten Morgen hat Loca beschlossen, wieder zu leben.

Sie isst, sie trinkt.

Rosa lächelt sie an, streichelt ihr
übers Haar. Ihre Freude darüber, dass
wir nun etwas von ihr annehmen, ist
so groß, dass sie uns sogar waschen
möchte.

Wir lassen sie machen. Sie rubbelt
uns ab, und das Wasser, das von unseren Körpern herabrinnt, ist grau. Der
gestampfte Boden zu unseren Füßen

saugt die letzten Spuren unserer
Bemalungen auf und färbt sich dunkel.

Den ganzen Tag über stehe ich an die
Wand aus losen Brettern gelehnt. Mein
Blick schweift über die Bäume, die ihre
langen Wurzeln ins braune Flusswas-
ser strecken. Ich halte Ausschau. Ich
suche den Wald ab.

Ist Malaké da? Irgendwo?

Ich weiß, dass die Regenzeit bald zu
Ende geht. Der Wald ringsum ist von
den andauernden Regengüssen über-
flutet, das Unterholz ist aufgeweicht
und überall haben sich Sümpfe gebil-
det.

„Ich glaube, er kann nicht herüber-
kommen", sage ich.

Loca denkt das auch.

Im vom Hochwasser reißenden
Fluss treiben Äste und Holzstücke.

Die starke Strömung verwüstet die
Ufer und macht eine Überquerung
viel zu gefährlich.

„Er kommt und holt uns in der
warmen Zeit, wenn sich das Wasser
beruhigt hat", sage ich.

Wieder stimmt sie mir zu.

Hat er unsere Fährte verloren?
Traut er sich, auf dem schwarzen Band
zu laufen?

„Er konnte den Fluss nur noch nicht

überqueren, weil die Männer das Boot mitgenommen haben."

Ich bin überzeugt, dass er uns gefolgt ist, dass er da ist, er versteckt sich im Wald und beobachtet uns. Nur der wilde Fluss hat ihn aufgehalten.

„Er wird kommen und uns holen", flüstere ich Loca zu. Sie lächelt und reicht mir eine Frucht.

Kapitel 13

Die Dorfbewohner verlieren allmählich das Interesse an uns. Sie kommen nicht mehr so oft, um uns zu begaffen. Sie bewachen uns nicht mehr wie zuvor, fassen uns nicht mehr ständig an.

Seit wir von ihren Speisen essen, binden sie uns nachts nicht mehr an.

Loca lacht wieder. Sie nähert sich den Leuten, lächelt sie an, spricht mit ihnen.

Sie führt die Hand zum Mund und sagt *comer*.

Wenn sie trinken möchte, sagt sie *agua*.

Sie kann auch *T-Shirt* sagen und *casa*.

Sie nennt die Waffen, die rauchen,

pistola und den Kasten, der rumschreit, *televisión*.

Wenn sie spricht, lachen die Leute. Sie ermutigen sie. Ich weiß, sie finden sie niedlich.

Rosa bringt uns ständig etwas zu essen. Immer lächelt sie Loca an.

Seit Kurzem lächelt Loca zurück.

Manchmal lässt sie sich sogar von ihr in den Arm nehmen.

In diesen Augenblicken zerreißt es mir das Herz.

Denn ich vergesse nicht.

Ich vergesse Rosas Mann nicht. Die Löcher, die Schreie.

Glauben sie vielleicht, ich werde mich mit allem abfinden?

Dass ich ihren Schutz brauche? Wie Loca?

Aber Loca ist noch ein so kleines Mädchen.

Ich, ich heiße Daboka.

Ich bin ein Kind aus dem Bauch des großen Waldes.

Die Fremden werden nie in mein Herz sehen. Sie werden niemals wissen, was es stark macht.

Niemals werde ich die Sprache derer lernen, die töten!

Niemals werde ich zulassen, dass sie über mich bestimmen.

Denn ich vergesse nicht.

Ich beobachte den Fluss.

Ich suche das unüberschaubare Gewirr aus Sträuchern, Palmen, Lianen ab.

Und ich warte. Und warte.

Wo ist Malaké?

Kapitel 14

Wieder höre ich den Lärm von dem *helicóptero*.

Und wieder kommen die Dorfbewohner aus ihren Hütten, versammeln sich, sind entrüstet.

Im ohrenbetäubenden Getöse der sich drehenden Flügel höre ich Schreie.

Dieses Mal, da bin ich mir sicher, wird uns der Mann mit den sanften Augen mitnehmen.

Rosa ist mit nassen Haaren aus der Hütte gerannt. In ihrer Hast hat sie sie kaum getrocknet, und nun tropfen sie und durchweichen ihr T-Shirt. Sie beugt sich über Loca und schließt sie fest in ihre Arme.

Die Männer aus dem *helicóptero* laufen auf uns zu, begleitet von einer

Schar aufgeregt gestikulierender Dorfbewohner.

In ihrer Mitte entdecke ich eine alte Frau, die mit langsamen, doch entschlossenen Schritten auf uns zukommt.

Ich bin mir sicher, dass sie eine Stammesfrau ist. Je näher sie kommt, desto besser erkenne ich in ihrem Gesicht die Züge eines befreundeten Volkes. Als sie mir in die Augen schaut, sagt sie: „Wir sind hier, um euch zu helfen!"

Ich betrachte sie erstaunt. Ich verstehe sie!

Ich habe keine Zeit, ihr zu antworten, denn einer der Männer hebt mich hoch.

Ein anderer schnappt sich Loca, aber Rosa lässt sie nicht los.

Auf der einen Seite zieht der Mann, auf der anderen zieht Rosa. Sie kreischt.

Loca wird zerrissen, sie weint.

¡Déjenlas aquí! ¡Déjenlas aquí!, brüllen die Dorfbewohner.

Ihre Wut wird immer größer.

Ich spüre, dass die Männer aus dem *helicóptero* nicht wissen, was sie tun sollen. Sie schauen sich Rat suchend an.

Also wende ich mich der alten Frau zu.

Ich zeige auf einen Dorfbewohner und schreie: „Dieser Mann hat meinen Vater getötet!"

Dann zeige ich auf einen anderen.

„Dieser Mann hat meine Mutter getötet!"

Nervös übersetzt sie meine Worte. Die Männer zwingen Rosa, Loca loszulassen. Mit schnellen Schritten bahnen sie sich einen Weg durch die Menge und tragen uns zum *helicóptero*. Sie setzen uns hinein, dann klettern sie selbst hinterher.

Vor ihrer Hütte vergräbt Rosa ihr Gesicht in den Händen und versteckt ihre Tränen hinter dem Vorhang aus nassem Haar.

Loca sackt auf dem Boden zusammen.

Doch ich, ich schaue.

Wir erheben uns in den Himmel wie ein Vogel!

Und das große Dorf wird winzig klein.

Unter uns wogt der smaragdgrüne Teppich des Waldes. Er erstreckt sich in die Unendlichkeit.

Sehr bald schon landet der *helicóptero* und die Männer lassen uns zurück.

In einem anderen Dorf.

In einer anderen Hütte.

Da ist ein anderer Fluss und gegenüber ein anderer Wald.

Braune Gesichter, weiße, die mich anlächeln.

Finger, die mich berühren.

Münder, die zu mir sprechen.

Hände, die mich kleiden.

Arme, die mich führen.

Eine andere Familie.

Ich wanke, als ich verstehe, dass ich nicht mehr weiß, wo ich bin.

Es ist alles so schnell gegangen ...

Wird uns Malaké auch hier wiederfinden?

Kapitel 15

Wir leben bei Gissel, ihrem Mann und ihren Kindern, in einem kleinen Holzhaus am Flussufer.

Die Sonne hat die Flüsse getrocknet, doch Malaké hat uns nicht geholt. Noch immer beobachte ich das Unterholz, auch wenn ich nicht mehr daran glaube, dass er kommt.

Jedes Lebenszeichen jenseits der Sonnenstrahlen, versteckt in den Schatten, gibt mir Hoffnung: eine auf einem Baum zusammengerollte Schlange, das kunterbunte Auffliegen einer Schar Papageien, das Gezänk zweier Affen, die Hufspur eines wilden Schweins, der Bau eines Krebses im Schlamm. Der große Wald wimmelt vor Leben. Ich bin auf der anderen

Seite, am Ende des Regenwaldes, dort, wo manchmal dieses merkwürdige Geräusch vom Wind, der übers trockene Gras weht, zu hören ist.

Ich stehe an der Tür und schlottere in dem feuchten Kleid, das auf meiner Haut klebt. Ich hasse diese Kleidung. Aber Gissel will, dass ich sie trage.

Heute ist die Sonne verhangen, doch sobald die Wolken verschwinden, streife ich das Kleid über meinen Kopf, damit die Sonnenstrahlen meinen Körper streicheln und mich trocknen.

Was für eine sonderbare Idee, sich mit Stoff zu behängen, der verhindert, dass die Haut trocknet.

Ich weiß, dass Gissel gleich kommen wird. Jedes Mal, wenn ich nackt bin, kommt sie sofort angerannt und zieht mir entschlossen das Kleid wieder an. Sie schimpft dann immer, aber ich höre ihr nicht zu. Wenn sie wieder geht, fuchtelt sie mit erhobenem Zeigefinger in meine Richtung.

Also beeile ich mich. Schnell werfe ich das Kleid zu Boden. In der Wärme der Sonne lebt meine Haut auf.

„Loca, komm!", rufe ich.

Gestern bin ich zum Waldrand gelaufen und habe die Pflanzen gepflückt, die ich brauche, um Farben anzurühren. In meiner Hand halte ich Annatto-Samen, um damit ihren Körper zu bemalen.

„Ich komme …"

Sie sagt es, aber sie tut es nicht. Im Staub kniend, spielt sie mit Gissels Tochter. Sie legen Blattschneiderameisen kleine Objekte vor die Füße, um ihren Weg umzuleiten. Von der Stelle, an der ich sitze, sehe ich die Kolonne aus grünen Blattschnipseln, die die Insekten transportieren.

Ich verliere Loca. Ich weiß es. Jeden Tag lernt sie neue Wörter. Jeden Tag bindet sie sich mehr an ihre neue Familie. Sie schläft nicht mehr an meiner Seite auf dem Boden, sondern in einer Hängematte, die für sie in der Hütte aufgehängt wurde. Sie findet ihre frühere Sorglosigkeit wieder. Sie passt sich an.

Ich will das nicht. Ich habe meine Schuhe in den Fluss geworfen, einmal, zweimal, dreimal. Schließlich hat Gissel aufgehört, sie mir aufzuzwingen.

In der Strömung des Flusses gleitet, von einer alten Frau gesteuert, ein Einbaum. Im Kielwasser des Bootes schaukelt weiße Gischt. Der Bug hebt und senkt sich im Spiel der kleinen Wellen, umschifft geschickt die Felsen.

Als der Einbaum auf meiner Höhe ist, schwenkt er ab, um sich dem Ufer zu nähern, bis er seine Nase ins Geäst der Böschung bohrt. Die Frau klettert aus dem Boot und scheucht dabei einen Schwarm schillernder Schmetterlinge auf. An Lianen zieht sie sich die Uferböschung hoch, dann legt sie die Hand an die Stirn, um die Augen vor dem Sonnenschein zu schützen. Sie entdeckt mich.

Ich weiß bereits, dass sie zu mir will. Ihr Gesicht sagt mir etwas, aber ich erkenne sie nicht wieder. Weder mein Bauch noch mein Herz flüstern mir etwas zu. Ich kann suchen, so viel ich will, ich weiß nicht mehr, wer sie ist.

Bei mir angekommen, sagt sie leise: „Guten Tag, Daboka, erinnerst du dich an mich?“

Sie spricht in dieser Sprache, die ich schon einmal gehört habe, die meiner so ähnlich ist.

Und mit einem Mal ist die Erinnerung wieder da.

Es ist die Frau, die zu uns kam, als wir in Rosas Hütte lebten. Ihr hatte ich den Mord an meinen Eltern zugeschrien. Und mit ihr sind wir in dem *helicóptero* davongeflogen, bevor sie verschwand und uns in diesem Dorf zurückließ.

„Ich bin gekommen, um zu sehen, wie es dir geht", sagt sie nun.

Sie hat ein sanftes Lächeln. Ihre Finger huschen über mein Gesicht, folgen der Linie meiner Wangen bis zu meinem Kinn.

„Wer bist du?", frage ich.

„Ich heiße Mayta", sagt sie. „Ich bin Anumis Frau."

Ich weiche zurück, plötzlich misstrauisch. Ich erinnere mich an Anumi, seine merkwürdige Art und Weise, die Wörter zu betonen. Er war im Besitz von Popokés Speer, er kannte den Weg zu unserem Lager. Ich erinnere mich auch gut daran, dass unmittelbar nach seinem Abschied mein Volk ermordet wurde, und ich frage mich, ob er vielleicht die fremden Männer zu unserem Lager geführt hat.

Mayta kümmert meine Verschlossenheit nicht. Unbeirrt fährt sie fort, mich zu mustern. Offenbar hat sie gefunden, was sie suchte, denn sie scheint glücklich zu sein.

„Warum ist Anumi nicht gekommen, um uns zu holen?", frage ich. „Er hat gesagt, er sei ein Freund. Warum also hat er uns hier allein gelassen?"

Ein Schatten huscht über Maytas Gesicht.

„Anumi ist tot", sagt sie.

Aus der Tasche ihres Kleides holt sie ein Stück Papier. So etwas habe ich schon bei Gissel gesehen. Es ist ein Blatt mit einem erstarrten Bild darauf. Ein Foto.

Eine Hütte ist darauf zu sehen, es muss Anumis Hütte mitten im tiefgrünen Regenwald sein.

Es sieht aus, als wären die biegsamen Äste ringsum viel zu schnell gewachsen, als wollten sie die kleine Behausung verschlucken. Anumi liegt auf der Erde, vor der offenen Tür. Ein langer Speer durchdringt seinen ausgestreckten Körper. Man könnte meinen, er schläft.

„Eines Nachmittags kam ich zurück, nach einem langen Spaziergang, da war er tot. Es war nichts zu sehen, keine Spur, kein Mensch, nichts und niemand, das erklärt hätte, was passiert war. Ich bin in die Stadt gegangen, um den Mord anzuzeigen, dann bin ich zurückgekehrt, um ihn zu begraben. Auch die Polizei konnte nichts aufklären. Ein Racheakt unter Dschungelvölkern, wen kümmert das schon?"

Sie sieht mich an, als erwarte sie von mir eine Antwort, dann fährt sie fort: „Einige Tage später kursierten Gerüchte in der Gegend, dass man zwei kleine indigene Mädchen aus dem Wald geholt habe und dass man sie für ein paar Münzen fotografieren könnte. Eine Freundin kam zu mir und zeigte mir ein Video, das sie mit ihrem Telefon aufgenommen hatte. Darauf habe ich euch gesehen, dich und Loca. Meine Freundin hörte nicht auf zu rufen: ‚Siehst du nicht, wie sie dir ähneln, diese Kleinen?‘

Und da habe ich verstanden, wer ihr seid und dass etwas Schreckliches im Wald geschehen sein musste. Ich bin wieder in die Stadt gegangen, um die Behörde zu benachrichtigen.“

Benommen von ihrem Redefluss, starre ich Mayta an. Ich versuche, ihre Geschichte zu ordnen, irgendetwas zu verstehen. Aber sie sagt mir nicht, wozu die vielen Toten!

„Sie haben mir versprochen, zu euch Kontakt aufzunehmen, euch so schnell wie möglich zu impfen“, erzählt Mayta. „Doch bis die Regierung sich der Sache angenommen hat, bis sie die Genehmigungen erteilt hatte, euch dort rauszuholen ... das hat viele Tage gedauert.“

Es sind zu viele Wörter, die ich nicht verstehe.

„Weißt du“, fährt Mayta fort, ohne mir die Gelegenheit zu geben, Fragen zu stellen, „sie werden eine Untersuchung durchführen, um den Mord an deinem Volk und dem an Anumi aufzuklären."

Sie schweigt.

Ich starre auf das Foto, das ich noch immer in den Händen halte, unfähig, meinen Blick loszureißen. Anumi tut mir leid. Also hat er keine Schuld, er hat die Mörder nicht zu unserem Lager geführt. Er hat uns nur seine Hilfe angeboten ...

Ich weiß jetzt, dass wir auf ihn hätten hören sollen, wir hätten fliehen sollen, ohne lange rumzuverhandeln.

Ich drehe das Foto um, aber da ist das Papier nur weiß.

Als ich endlich meine Augen losreiße, entdecke ich Loca, die noch immer im Staub kniet. Mein früheres Leben fehlt mir so sehr, dass ich gar nicht mehr darüber nachdenken kann.

„Jene, die deine Eltern umgebracht haben, wird man bestrafen", erklärt Mayta. „Ich bin gekommen, um dir das zu sagen, denn ich denke, es ist wichtig, dass du es weißt. Die Regierung kümmert sich darum. Niemand hat das Recht, so etwas zu tun."

Mayta sieht mich ernst an, ihr Lächeln schwankt.

Wir erheben uns und laufen langsam zum Flussufer.

„Kommst du wieder und besuchst mich?"

„Ich verspreche es dir", antwortet sie mir.

Sie stellt einen Fuß ins Boot, sodass es schaukelt. Ich halte es fest, damit es ruhig steht, und Mayta setzt sich hinein.

„Achtung, ich starte jetzt den Motor."

Sie zieht an einer Schnur. Sofort steigt eine blubbernde Brühe aus dem Wasser.

Während sich der Einbaum entfernt, murmele ich: „Komm bald wieder."

Kapitel 16

Als Mayta am nächsten Morgen an-
kommt, hocke ich am Flussufer
und pule mit einem Stöckchen im
Schlamm, um Krebse herauszutreiben.
Mayta hält den Motor an.

Sie geht zu Gissel, begrüßt sie und
spricht mit ihr. Sie stehen nebeneinan-
der und betrachten lächelnd Loca, die
vor dem Haus spielt.

Dann kommt Mayta wieder zu mir.
Eine Libelle fliegt ihr nach, umkreist
sie, will sich in ihrem Haar niederlas-
sen.

Ich muss unbedingt mit ihr sprechen. Heute früh bin ich in der festen
Überzeugung aufgewacht, dass sie mir
helfen kann. Wenn sie sogar *el helicóptero* kommen lassen kann, um uns dem

Zugriff der Mörder zu entziehen, kann sie uns bestimmt auch helfen, in den Wald zurückzukehren.

Als wir uns ein Stück vom Haus entfernt haben, sage ich zu ihr: „Mayta, ich kann nicht länger in diesem großen Dorf leben."

Sie sieht mich sorgenvoll an.

„Hast du es versucht?", fragt sie. „Loca scheint hier glücklich zu sein."

„Loca ist glücklich, weil sie ein kleines Mädchen ist", antworte ich finster.

Ich kann den Gedanken nicht ertragen, dass sie meinen könnte, Loca sei hier glücklich. In einer raschen Bewegung greife ich nach Maytas Hand. Sie ist überrascht, doch sie lässt es geschehen.

„Mayta, bitte, nimm *el helicóptero* und bring uns zurück zu unserem Weg!"

Zu meiner großen Überraschung bricht sie in Gelächter aus. Es ist ein helles Lachen, das schnell wieder verstummt, als sie meine Verzweiflung begreift.

„Aber Daboka, ich kann doch nicht den *helicóptero* fliegen!", ruft sie.

Meine Miene verdüstert sich. Sanft streichelt sie mit ihrer Hand über meinen Arm. „Versuch es wenigstens", sagt sie. „Gissel tut, was sie kann, weißt du."

Nachdem sie gegangen ist, kreisen ihre Worte in meinem Kopf. Tief in mir widerspricht eindringlich eine Stimme: Selbst wenn Gissel tut, was sie kann, gibt sie mir doch nicht, was ich brauche! Ich habe nicht mehr das Lachen meiner Freunde, die mich an den Fluss begleiten, nicht mehr den beruhigenden Geruch ihrer Körper, wenn ich einschlafe. Ich höre nicht mehr ihre gemurmelten Geschichten an Regentagen und nicht mehr den friedlichen Atem, wenn sie sich ausruhen. Ich spüre nicht mehr die Lippen meiner Mutter auf meiner Haut.

Die Männer aus dem großen Dorf haben mir all das genommen.

In der Dämmerung des nächsten Morgens kommt Mayta zurück. Als ihr Gefährt im Geäst des Ufers strandet, renne ich auf sie zu. Ich helfe ihr, das Boot mit einem Seil zu befestigen, damit es nicht davontreibt. Dann nehme ich sie an der Hand und führe sie ein Stück weg, dorthin, wo die wilden Lilien ihren Duft verströmen und wo uns niemand stören wird.

„Als ich im großen Wald lebte, brachen wir in jeder Vollmondnacht auf. Unsere Verwandten erwarteten uns. Wir liefen den ganzen Tag, und abends, wenn wir ankamen, feierten wir. Die Kalebassen waren voll Chicha-Bier. Die Kinder hatten für uns Bratspieße mit weißen Würmern gegrillt. Ich liebe Holzwürmer, sie sind so süß!"

Ich wende mich Mayta zu, die mir lächelnd zuhört.

„Am Rand der Straße liegt unser Weg. Am Ende unseres Weges sind unsere Verwandten. In wenigen Nächten ist wieder Vollmond, und ich weiß, dass sie wieder auf uns warten werden. Mayta, wenn du mich zu dem großen Band bringst, bin ich mir sicher, dass ich den Weg wiederfinde."

Schon bevor ich ende, hat sie begriffen, worauf ich hinausmöchte. Ihr Gesicht wird bleich. Sie schüttelt den Kopf, wagt aber nicht, mich anzusehen.

„Daboka", murmelt sie, „wenn ich dir helfe zu fliehen, werde ich keine ruhige Minute mehr haben."

„Solange du mich hier zurücklässt, solltest du keine ruhige Minute haben", entgegne ich. „Warum meinen die Menschen aus dem großen Dorf immerzu, besser zu wissen als ich, was gut für mich ist?"

Ich sitze in der Hütte, als Mayta tags darauf kommt. Die Sonne macht mir Kopfschmerzen.

Immer wieder taucht Loca auf und will mit mir spielen, will mit mir fischen, mit mir Frösche fangen. Sie spürt, dass es mir nicht gut geht.

Ich kann nicht mehr raus, mag den Fluss, die Ufer nicht mehr sehen. Also bleibe ich auf diesem Stuhl sitzen, in dieser komischen, steifen Haltung.

Die alte Stammesfrau setzt sich leise vor mich hin. Wir bleiben in der drückenden Hitze des Zimmers, das immer stickiger wird.

Mayta sagt nichts, drängt mich zu nichts.

Mit unendlicher Geduld wartet sie darauf, bis ich leise zu sprechen beginne.

„Du sagst mir, dass das Blut meiner Vorfahren in deinen Adern fließt. Als du das erste Mal zu mir kamst, war ich so froh, dich zu sehen! Ich stellte mir vor, wie sich der Vater deines Vaters und der Vater meines Vaters unter den großen Bäumen miteinander unterhalten. Aber dann habe ich verstanden, dass du mir nicht helfen wirst. Ich weiß, dass du Angst hast, und ich sehe, dass der Gesang des Waldes in deinem Herzen verstummt ist. Deshalb ist es mir lieber, wenn du nicht mehr zu mir kommst, Mayta. Denn es tut mir zu weh, wenn du da bist."

Sie erhebt sich wortlos, neigt sich über mich und küsst mein Haar.

Dann geht sie.

Am nächsten Tag kommt sie nicht wieder.

Ich weiß jetzt, dass ich allein bin. Aber das ist nicht schlimm.

Ich sehe den Mond, der langsam zunimmt. Morgen wird er voll sein.

Ich sage zu Loca: „Wir können allein weggehen."

„Ja", antwortet sie mir, denn sie will mir unbedingt eine Freude machen.

Der Weg ist dort hinten, tief im Wald.

Ich bin bereit loszulaufen. Endlos zu laufen, um ihn zu finden.

Ich sehe den Mond, wie er in den Himmel aufsteigt. Sein bleiches Licht bescheint matt die Hütten und zerschneidet die dunklen Umrisse der Bäume in merkwürdige Schattenrisse. Ich spüre, wie die Erregung in mir aufsteigt wie Saft in den Lianen.

Morgen werden wir aufbrechen.

Kapitel 17

„Daboka ...“

Jemand flüstert an meinem Ohr.

Es ist Mayta. Sie ist da! Sie ist wiedergekommen! Ich bin so erleichtert, dass ich mich an ihr Kleid klammere und mich an sie drücke. Sanft schiebt sie mich weg. Im Schatten der Nacht ist ihr Gesicht grau vor Sorge. Ihre Augen wandern unstet umher, stellen sicher, dass sich nichts regt. Noch ist es dunkel, doch ganz am Ende des Dorfes sind schon die ersten Anzeichen der Dämmerung zu spüren.

„Komm mit mir“, flüstert sie.

Ich erhebe mich mit klopfendem Herzen und schleiche durch die Hütte, um Loca zu holen. Ihre kleine Hängematte, die über dem Tisch hängt, schaukelt leicht, als ich sie vorsichtig wach rüttele. Mit verwuscheltem Haar öffnet sie schläfrig die Augen, fragt mich aber nichts. Sie streckt nur ihre Arme aus, damit ich ihr helfe, aus der Hängematte zu steigen. Sie klettert auf meinen Rücken und legt ihren Kopf auf meine Schulter, umschlingt meinen Hals mit ihren kleinen Armen.

Im Zwielicht der Nacht laufe ich schnell voran. Eilig folge ich Mayta, getrieben vom Wunsch zu verschwinden.

Sie führt uns bis zu einer steilen Uferböschung, wo ihr Einbaum angebunden ist. Schnell steige ich hinein und lasse Loca auf den Boden des schmalen Bootes gleiten.

Um uns herum ist das Wasser schwarz.

Ganz am Ende des Einbaums stößt Mayta eine Stange in den Schlamm und drückt uns mit Kraft vom Ufer weg. Ohne einen Laut entfernen wir uns vom Dorf. Im Lichtschein des Mondes sehe ich in der Flussmitte kleine Gischtflocken, die immer schneller an uns vorbeirasen.

Ich klammere mich am Rand des Bootes fest, vor meinen Augen verschwimmt alles, mir ist übel. Ich höre schon das Fauchen der Stromschnellen, die rasch näher kommen. Aber während in mir die Angst wächst, wirkt Mayta nun entspannter. Sie lächelt.

„Wir fahren zu einem anderen Dorf", sagt sie endlich. „Dort wartet ein Auto auf uns, das uns zur Straße bringen wird."

Kapitel 18

Die Landschaft schießt so schnell an
mir vorbei, dass ich Schwierigkeiten
habe, in der grünen Fülle links und
rechts des Bandes überhaupt etwas zu
erkennen.

Doch ich spüre, dass der Weg ganz
in der Nähe ist.

Loca drückt meine Hand.

Und plötzlich. Ich weiß es. Ich bin
mir sicher.

„Hier ist er!", schreie ich.

Der Mann, der das Auto fährt, hält
abrupt an. Mayta dreht sich zu mir um.
Ihr ernstes Gesicht ist fast so bleich wie
das der fremden Männer.

Ich weiß, sie will mir etwas sagen,
doch die Sorge schnürt ihr den Hals
zu.

Ich nehme ihre Hand und flüstere: „Mayta, komm mit uns ..."

Sie lächelt traurig, ohne zu antworten. Ich stoße schon die Tür auf und ziehe Loca hinter mir her. Ich reiße ihr das Kleid, die Unterwäsche, die Schuhe herunter und gebe sie Mayta. Sie zögert, bevor sie sie ergreift, und in ihren Fingern verknäult. Ich spüre, dass sie schwach wird, und fürchte, dass sie ihre Meinung ändert.

Schnell nehme ich Locas Hand in meine, um das Band zu überqueren, und bin überrascht, dass es mir keine Angst mehr macht.

„Daboka!"

Es ist ein erstickter Schrei, Maytas Stimme bricht. Ohne noch einmal zu dem stehenden Auto zurückzublicken, springe ich über den Graben. Loca zögert, dann hüpft sie hinter mir her, folgt mir unter den Schirm der Bäume.

Der Morgentau hat die Blätter vor uns mit Millionen Tropfen überzogen. Sie tauchen den Wald in Nebel. Die Erde ist schwammig wie ein feuchter Teppich. Unsere nackten Füße versinken im blätterbedeckten Boden.

Rasch führe ich Loca vom Rand dieser Welt fort, hin zu unserer eigenen in den Tiefen des Regenwaldes.

Zuversichtlich nehme ich ihre Hand. Mit jedem Schritt spüre ich, wie sich ihre Haltung lockert, ihr Gang geschmeidig wird. Sie schlüpft unter den Farnen hindurch, gleitet durchs Grün. Unauffälliger als der Singsang der Regentropfen auf den Blättern schlängelt sie sich durchs Unterholz.

Ich weiß, dass der Regen unsere Spuren verwischen, der Nebel unsere Schatten verschlucken wird. Wir werden verschwinden.

Endlich finde ich den engen Durchschlupf zu unserem Weg, er ist kaum sichtbar. Die Äste, die kreuz und quer wachsen, verbergen ihn, doch er ist da, windet sich durch den Wald wie eine dünne Schlange. Ich erkenne ihn, denn die Füße meiner Vorfahren haben ihn gebahnt und an den Farnen haftet noch ihr Geruch.

Ein letztes Mal drehe ich mich um, blicke in Richtung Straße, die ich Band nannte.

Wir sind weit entfernt.

Weit genug entfernt, um sicher zu sein, dass sie uns nicht mehr einholen können.

Ich drehe mich um und denke an Mayta, die in ihrem Auto weint.

Ich weiß, dass sie Angst hat.

Ich höre ihre Schluchzer, die der

Wind wie ein Murmeln mit sich trägt. Sie heften sich an die Blätter, an die Felsen und das Moos, bevor sie zu mir kommen.

Ich höre dich, Mayta, aber sei unbesorgt.

Bald werden Loca und ich bei unseren Verwandten am anderen Ende des Weges sein. Ich werde ihnen alles erzählen. Alles. Ich werde ihnen von den Menschen erzählen, die ich getroffen habe.

Ich werde ihnen sagen, dass wir fliehen müssen. So weit weg, dass uns kein Fremder jemals finden kann.

Sorge dich nicht um uns, Mayta.

So viele Bäume können sie gar nicht fällen. So viele Straßen können sie nicht bauen.

Der Regenwald ist riesig. Sie schaffen es nicht, alles kaputt zu machen.

Sie wissen nur zu gut, dass sie, wenn sie das Leben bewahren wollen, den Geist des Waldes brauchen.

Sorge dich nicht, Mayta.

Sie wissen es und sie werden nicht alles zerstören.

Glaubst du denn, sie sind verrückt?

Danksagung

Dieser Text wäre niemals ohne
Anne Sibrans Berichte aus Ecuador
entstanden.

In einem aufrüttelnden Artikel, der
in der Zeitschrift *XXI* erschienen ist,
hat sie über ein abgeschieden lebendes
indigenes Volk geschrieben, das im
Herzen des Amazonasregenwaldes umgebracht wurde. Es gab nur zwei Über-
lebende, zwei Mädchen: Daboka und
Conta. Zunächst wurden sie von den
Mördern mitgenommen, dann wurden
sie getrennt, geimpft, verschleppt ...
Nach letztem Informationsstand lebten
sie in zwei indigenen Familien, die sie
aufgenommen haben.

Natürlich ist die Geschichte, die ich
geschrieben habe, von dieser jüngst

geschehenen Tragödie inspiriert. Doch beim Schreiben hatte ich auch all die indigenen Gemeinschaften im Hinterkopf, die seit Jahrzehnten um das Überleben in ihren Gebieten kämpfen müssen. Bereits als ich ein Kind war, wurde davon gesprochen, dass der Regenwald und seine Bewohner geschützt werden müssen. Forscher und Menschenrechtler, die sich für die Amazonasvölker einsetzen, berichteten von Massakern, von der Zerstörung des Regenwaldes und dem bitteren Kampf der Stämme. Das war vor dreißig Jahren.

Ich bedanke mich auch bei Kidi Bebey und Caroline Philibert für ihre wertvollen Ratschläge.

Die Arbeit der Autorin an diesem Text wurde vom *Conseil Départemental de la Drôme* unterstützt.

Über die Ureinwohner Südamerikas

Abgeschieden in ihren Stammesgebieten leben noch etwa 80 Amazonasvölker mit je fünf bis 100 Mitgliedern.

Es sind Menschen, die von allen Seiten bedroht werden: von Viehzüchtern, Missionaren, Krankheiten, Holzfällern, Goldwäschern, Straßen, Talsperren, dem Raubbau an natürlichen Rohstoffen, an Erdöl …
Krankheiten, die für uns harmlos sind, wie etwa die Grippe oder Röteln, sind für sie tödlich, denn sie sind gegen sie nicht immun. Zu oft haben sie ihre Angehörigen an solchen Krankheiten oder als Opfer von Massakern sterben sehen. Man schätzt, dass im Laufe des letzten Jahrhunderts jährlich ein Volk ausgestorben ist!
Heutzutage haben viele indigene Völker beschlossen, sich von der Außenwelt abzukapseln. Sie überleben, indem sie ständig umherziehen, fliehen, sobald ihre Gebiete besetzt werden.

Vom Erdöl mitten im Wald

In Ecuador sind mitten im Amazonasregenwald Erdölvorkommen gefunden worden, in einem Naturschutzgebiet. 2007 hat die Regierung von Ecuador der Weltgemeinschaft einen

Vorschlag unterbreitet: Sie verzichtet darauf, das Erdöl zu fördern, wenn sie dafür einen finanziellen Ausgleich (in Höhe von 50 % der zu erwartenden Einkünfte aus dem Erdöl) bekämen.

Der ökologische Gewinn wäre unermesslich gewesen. Jahrelang versuchte der Präsident zu überzeugen, dennoch ließ sich das Projekt, trotz Zusagen verschiedener Länder, nicht verwirklichen. Da Ecuador ein armes Land ist, beschloss die Regierung am Ende doch, die Zustimmung zur Förderung der Erdölvorkommen zu geben.

Mitten durch den Regenwald wurden riesige Straßen gebaut. Sie sind viele Kilometer lang und bis zu 60 Meter breit!

Sie durchziehen ein Gebiet, in dem die Ureinwohner leben.

In diesen Gebieten gibt es starke Spannungen. Es werden zahlreiche Morde, Massaker und Vergeltungsakte verübt, denn die Anwesenheit dieser Urvölker stört die Ausbeuter.

Natürlich **magellan**©

Wir pflanzen Bäume
Für unsere Umwelt
www.magellanverlag.de

**Hergestellt in Italien
Gedruckt auf FSC®-Papier
Farben auf Pflanzenölbasis
Lösungsmittelfreier Klebstoff
Drucklack auf Wasserbasis**

3. Auflage 2019
© 2019 Magellan GmbH & Co. KG, 96052 Bamberg
Alle Rechte der deutschsprachigen Ausgabe vorbehalten
Copyright © 2017 by Marion Achard
Die Originalausgabe erschien 2017 unter dem Titel
„Le peuple du chemin" bei Talents Hauts (FRANCE).
Aus dem Französischen von Anna Taube
Lektorat: Julia Hanauer
Umschlaggestaltung: Christian Keller
unter Verwendung von Motiven von iStock / saemilee
Druck: Grafiche, Albergo
ISBN 978-3-7348-5044-8

www.magellanverlag.de